Dieses Adressbuch gehört:

A

A

A

A

B

B

B

B

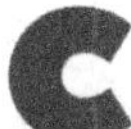

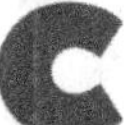

D

D

D

D

D

E

F

F

F

G

G

G

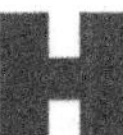

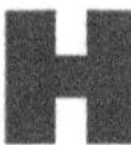

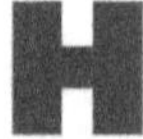

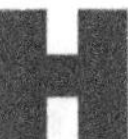

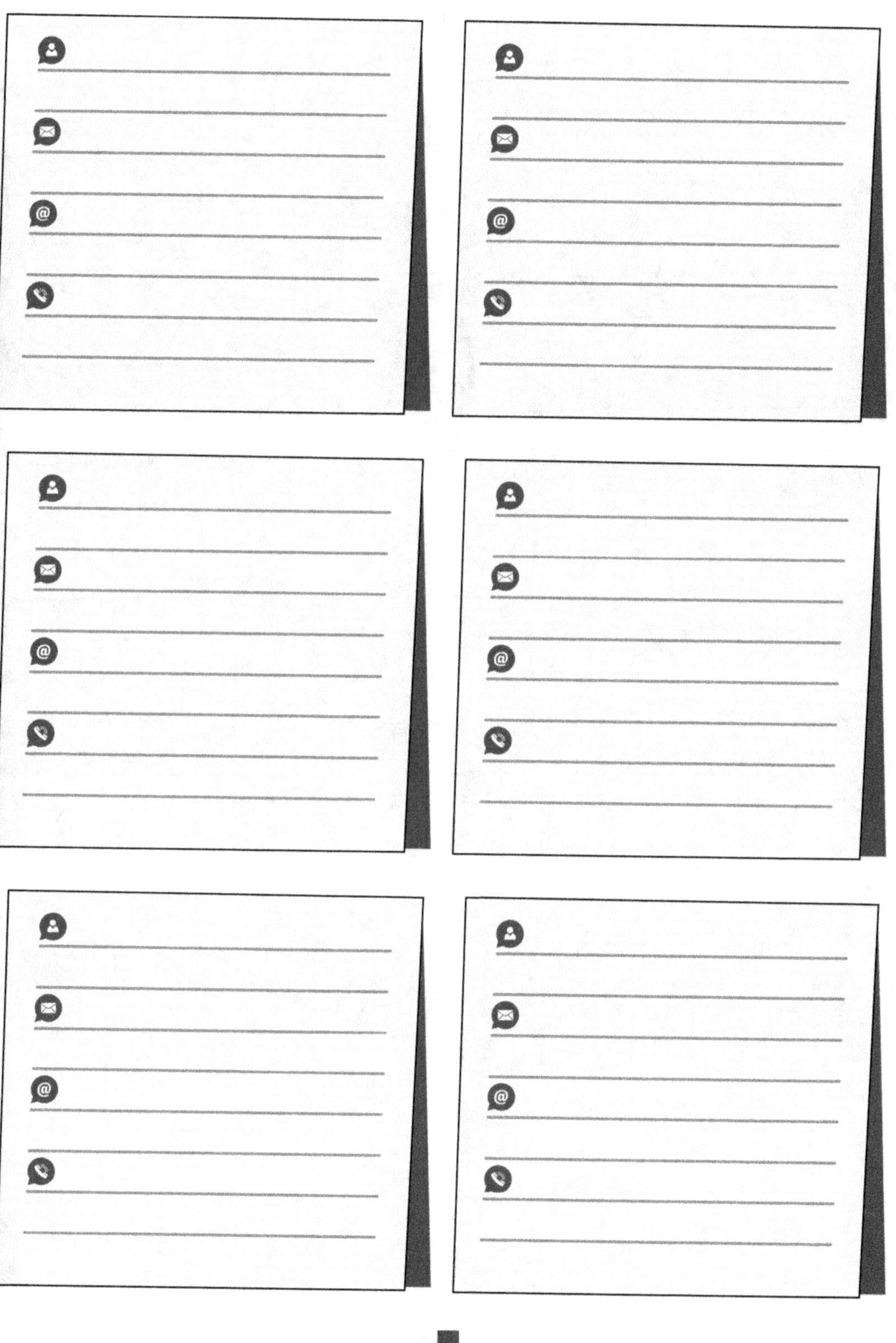

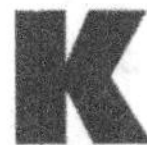

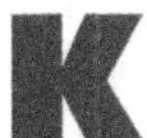

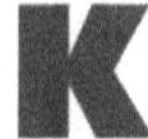

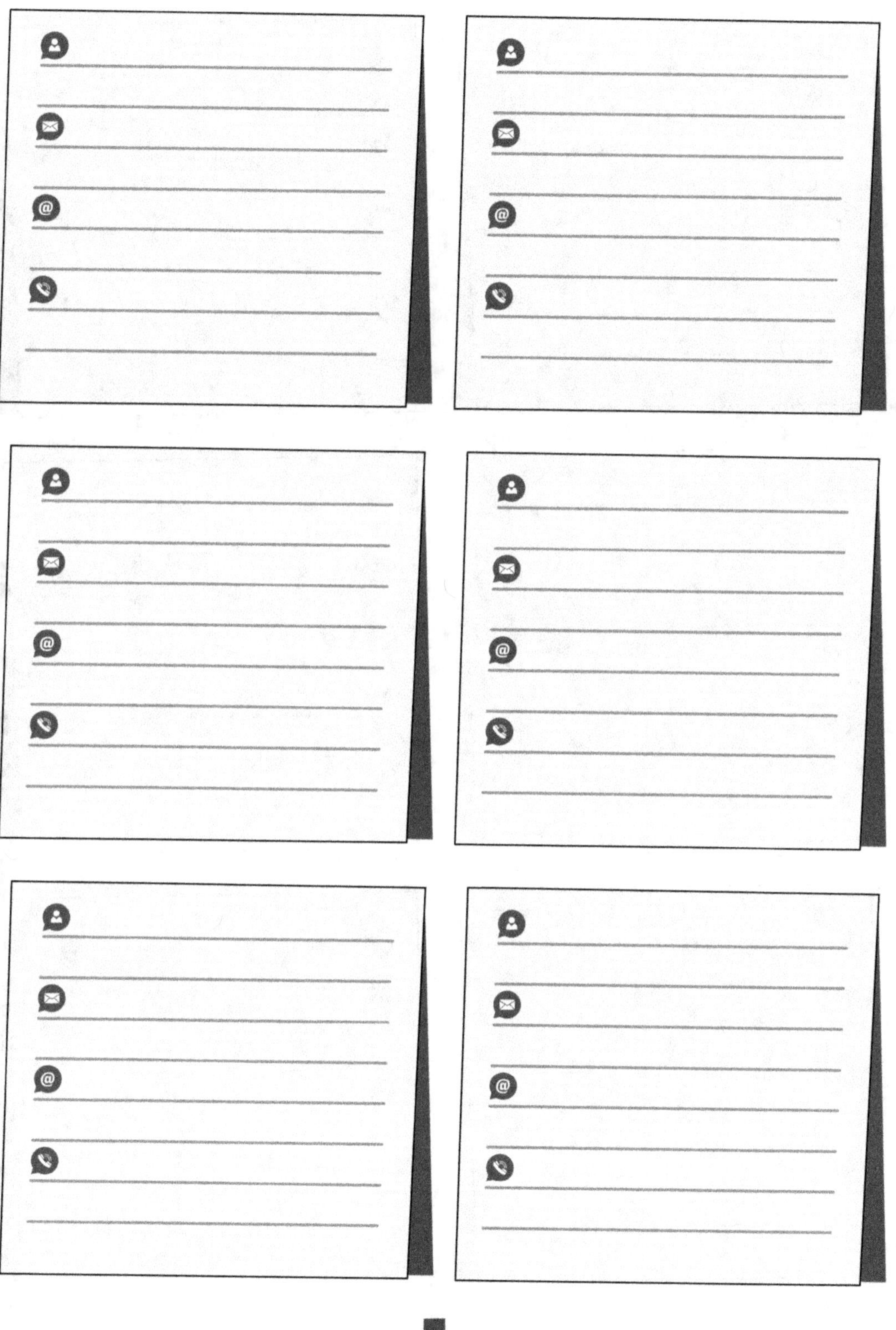

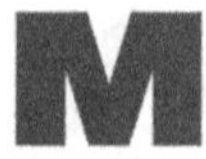

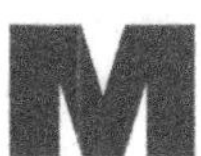

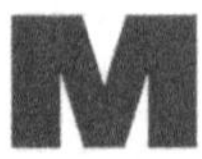

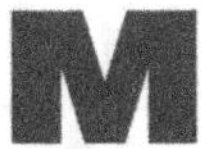

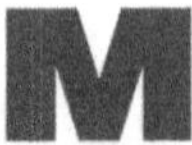

N

N

P

P

P

P

Q

Q

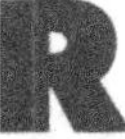

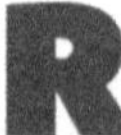

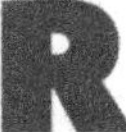

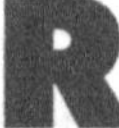

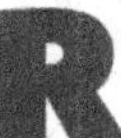

S

S

S

S

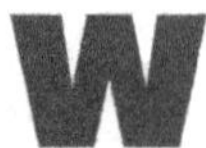

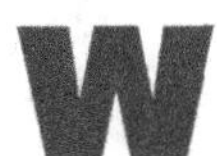

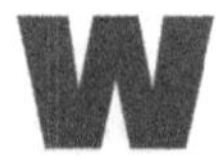

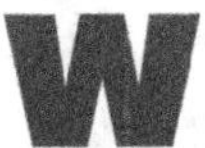

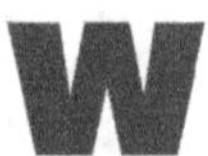

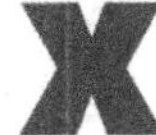

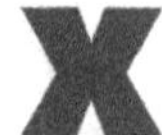

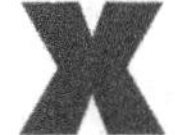

Y

Y

Z

Z

Z

Impressum:

Philipp Hesse
c/o Werneburg Internet Marketing und Publikations-Service
Philipp-Kühner-Straße 2
99817 Eisenach